EMPIEZA A TOCAR
Armónica

AMSCO PUBLICATIONS
London/New York/Paris/Sydney/Copenhagen/Madrid

Distribuidor exclusivo:
Music Sales Limited
14/15 Berners Street,
London W1T 3LJ, UK

Music Sales Corporation
257 Park Avenue South
New York
NY10010, USA.

Music Sales Pty Limited
20 Resolution Drive,
Caringbah NSW 2229,
Australia

Nº de orden AM978197
© 2004, Todos los derechos reservados de este libro por Wise
Publications
www.musicsales.com

Escrito por Steve Jennings.
Fotografía y texto de la portada George Taylor.
Diseño del libro Chloë Alexander.
Modelo: Andrew King.
Instrumentos prestados generosamente por Hanks.

Impreso en el Reino Unido.

Tu garantía de calidad:
Como editores, procuramos producir cada libro con los más altos
estándares comerciales. Este libro ha sido cuidadosamente
diseñado para minimizar extraños giros de páginas y para hacer
que tocar con él sea un verdadero placer.
Se ha puesto un cuidado muy especial al utilizar papel neutro
libre de ácidos fabricado con una pasta que ha sido blanqueada
con cloro. Esta pasta se produce de árboles de reservas
mantenidas y ha sido elaborada con especial cuidado de su
entorno.
Toda la impresión y encuadernación ha sido planeada para
asegurar una publicación sólida y atractiva que deberá darte años
de disfrute. Si tu copia no reúne estos estándares, por favor
infórmanos y con gusto la reemplazaremos por otra.

Índice

Introducción 4

¿Qué armónica necesito? 5

Los primeros pasos 6

El primer soplido 8

Uno cada cuatro 9

Cómo encontrar las notas 10

Un cada cuatro versión II 11

Jingle Bells 15

Sólo dos notas 16

Skip To My Lou 17

Brown Girl In The Ring 19

When The Saints Go Marching In 22

Down By The Sally Gardens 23

The Streets Of Laredo 24

Annie Laurie 25

My Bonnie Lies Over The Ocean 26

Twinkle, Twinkle, Little Star 28

O Christmas Tree 29

Carrickfergus 30

The Bluebells Of Scotland 33

The Yellow Rose Of Texas 34

The Leaving Of Liverpool 36

Clásicos de armónica 39

Otros libros 40

Introducción

Bienvenidos al método de armónica para principiantes. La armónica es uno de los instrumentos más populares del mundo – este libro te será útil desde la primera vez que cojas la armónica hasta que seas capaz de tocar algunas de las piezas más conocidas.

Instrucciones fáciles de seguir
que te permitirán:

- Leer partituras de armónica
- Tocar acordes y notas sencillas
- Tocar tu primera canción

Podrás tocar sobre el acompañamiento del CD. Podrás escuchar cómo debería sonar la música, para después intentar tocar tú mismo.

Practica regularmente y a menudo. Veinte minutos al día es mejor que dos horas los fines de semana. No sólo estás entrenando la mente para entender cómo tocar la armónica, sino que también estarás enseñando a tus músculos a memorizar ciertas acciones mecánicas.

Bluesmaster

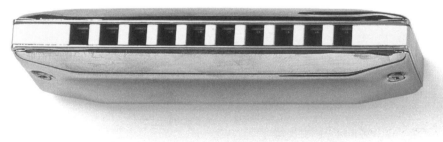

Meisterklasse

Lee Oskar

Blues Harp

Estuche de la Marine Band

¿Qué tipo de armónica necesito?

Para este libro necesitarás lo que se conoce como "Armónica Richter de diez orificios diatónica mayor en clave de Do" (¡¡Casi nada!!).

Muchos músicos la llaman armónica en Do. Las armónicas en Do se comercializan bajo muy diversas marcas, como Bluesmaster, Meisterklasse, Pocket Pal, Easy Rider, Blues Harp, Major Boy, Marine Band, Lee Oskar, Golden Melody, Silvertone, Super 20, Star Performer, Folk Master, Folk Blues, Big River Harp, Pro Harp y Cross Harp, entre otras.

Básicamente se trata de lo mismo, aunque los precios y las calidades (¡e incluso las formas!) pueden variar. Asegúrate de que el instrumento que elijas tenga una sola fila de 10 orificios y esté marcado con la letra C (Do), y no irás desencaminado.

Marine Band

Pro Harp

Los primeros pasos

Antes de soplar tus primeras notas vamos a mostrarte
algunas nociones básicas sobre música y escritura.

La música se escribe sobre cinco líneas equidistantes
denominadas pentagrama:

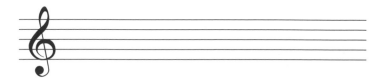

El símbolo curvo del comienzo del pentagrama es una
clave de sol. Existen otras claves, pero de momento
será la única que debas conocer. La posición de las
notas a en las líneas y espacios del pentagrama, y por
encima o por debajo de él, nos indica su altura.

Todos los sonidos o notas musicales tienen altura – lo
grave o aguda que es dicha nota. Las notas también
tienen nombres:

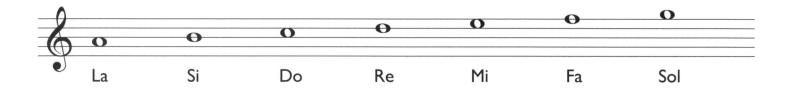

| La | Si | Do | Re | Mi | Fa | Sol |

Después del Sol volvemos a empezar por el La. Es así
porque, aunque este segundo La es más "alto" que el
primero, suenan de forma similar, y también porque
si cada altura individual tuviera su propia
denominación, necesitarías tener la memoria de una
computadora para retenerlos todos.

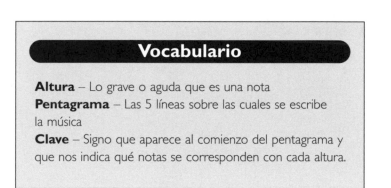

Vocabulario

Altura – Lo grave o aguda que es una nota
Pentagrama – Las 5 líneas sobre las cuales se escribe
la música
Clave – Signo que aparece al comienzo del pentagrama y
que nos indica qué notas se corresponden con cada altura.

El pentagrama se divide en compases por medio de
unas líneas verticales.

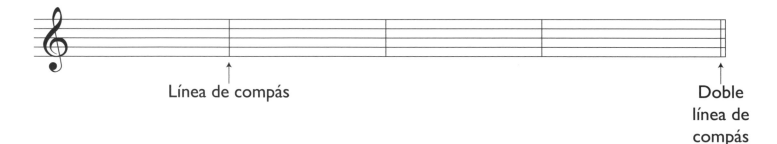

Línea de compás

Doble
línea de
compás

Cada compás tiene un número fijo de tiempos. El pulso es el ritmo interno natural de una canción. Cuando llevas el ritmo de una canción con el pie, lo haces en relación con el tiempo. La mayor parte de las canciones tienen cuatro tiempos en cada compás, por lo que contarías y llevarías el ritmo con el pie de esta forma:

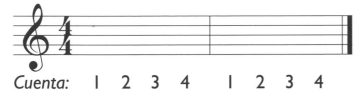

Cuenta: 1 2 3 4   1 2 3 4

Además de la altura, las notas tienen una duración – se mantienen durante un determinado periodo de tiempo. Iremos introduciendo las distintas duraciones de las notas a medida que vayamos avanzando. La primera que vamos a utilizar es la redonda, que se escribe así:

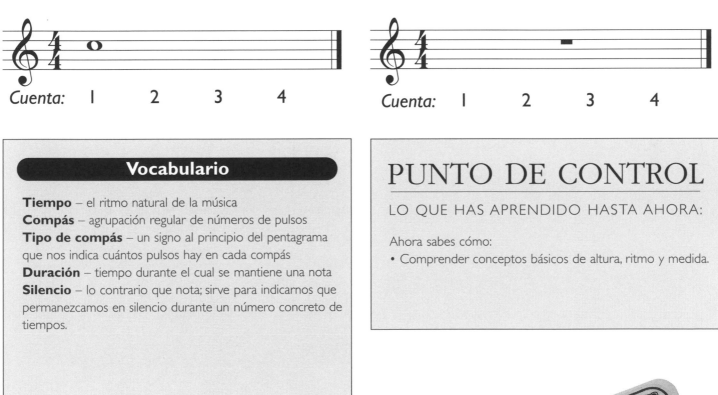

Cuenta: 1   2   3   4

Los dos grupos de cuatro que están situados junto a la clave, uno encima del otro, es lo que llamamos tipo de compás. El número de arriba nos indica cuántos pulsos hay en cada compás. Por ahora no tendrás que preocuparte acerca del significado del número de abajo.

Una redonda dura cuatro tiempos. Cada tipo de nota tiene un silencio equivalente a su duración, que nos indica que debemos permanecer sin tocar el mismo número de tiempos. Un silencio de redonda se escribe así:

Cuenta: 1   2   3   4

Vocabulario

Tiempo – el ritmo natural de la música

Compás – agrupación regular de números de pulsos

Tipo de compás – un signo al principio del pentagrama que nos indica cuántos pulsos hay en cada compás

Duración – tiempo durante el cual se mantiene una nota

Silencio – lo contrario que nota; sirve para indicarnos que permanezcamos en silencio durante un número concreto de tiempos.

PUNTO DE CONTROL

LO QUE HAS APRENDIDO HASTA AHORA:

Ahora sabes cómo:
• Comprender conceptos básicos de altura, ritmo y medida.

El primer soplido

¡Ha llegado el momento de tocar! Sostén la armónica entre el pulgar y el índice de tu mano izquierda, con los orificios frente a ti y los números del derecho como en esta foto:

Ahora coloca tu mano derecha de esta forma:

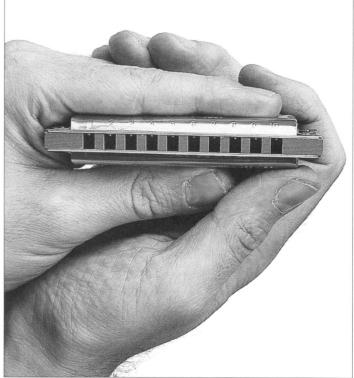

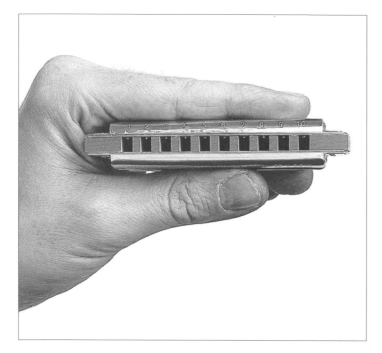

Llévate la armónica hasta los labios y exhala el aire suavemente a través de ellos. Puede que los términos soplar y aspirar no sean del todo apropiados, ya que la armónica debe tocarse de forma relajada y sin esfuerzo.

Intenta no ponerte tenso; simplemente respira y aspira a través del instrumento.

Consejo

Si piensas en una pelota de ping-pong impulsada por la columna de aire que proviene de tus pulmones, podrás entender mejor el sonido. Si respiras demasiado fuerte, la pelota se podría caer (pero nunca se romperá - ¡no te preocupes!).

El primer ejercicio lleva por título "Uno Cada Cuatro", ya que eso es todo lo que tienes que hacer – simplemente sopla cada cuatro pulsos, y después permanece en silencio durante otros cuatro pulsos. Usa cualquier combinación de notas en la armónica a la hora de soplar, pero recuerda no tocar durante los silencios – ¡sonará fatal si lo haces! Las redondas están colocadas en un determinado lugar del pentagrama para mostrarte cuándo tienes que tocar, pero elige tú qué orificios vas a usar. No olvides contar, y ten en cuenta que en realidad tocas dos acordes (así es como se llama a dos o más notas que suenan a la vez). Escucha la **Pista 1** para saber cómo debería sonar. Oirás a la batería indicándote el tempo durante dos compases antes de que entre el grupo – es para que sepas a qué velocidad debes contar.

Ahora inténtalo con la **Pista 2**.

Cómo encontrar las notas

Ahora vamos a buscar notas concretas en el instrumento.

Para hacerlo necesitas saber:

1 Cómo se representan las distintas notas en el pentagrama y

2 Cómo se representan en tablatura especial para armónica.

Ten en cuenta que, aunque la tablatura de armónica es una forma de hacer que la música te resulte más sencilla, no puede sustituir la lectura musical tradicional.

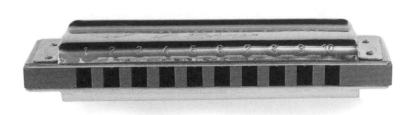

Localiza el orificio 5 en tu armónica, usando la punta de la lengua para "contar" desde el orificio 1, o utilizando las manos.

Cuando lo encuentres, retira la lengua y sopla el orificio 5 junto a las dos notas adyacentes (4 y 6).

Escucha atentamente la **Pista 3** y asegúrate de que estás tocando lo mismo.

Fíjate en que los números de los orificios que hay que tocar se colocan uno sobre el otro, igual que las notas musicales a las que corresponden, y que en este ejemplo estás viendo tres números sin nada alrededor.

Cuando los números aparecen sin nada alrededor significa que tienes que soplar sobre ese número o combinación de números.

A continuación, intenta aspirar sobre los mismos orificios.

Recuerda que no debes tocar forzado. Deja que el aire circule suavemente hacia la boca –la armónica sabe cuál es su cometido, y responderá por muy pequeña que sea la presión de aire.

Escucha la **Pista 4** y comprueba que estás tocando el mismo acorde en tu armónica.

Fíjate en que esta vez los números tienen un círculo alrededor. Estos círculos, como te habrás imaginado, significan que tienes que aspirar sobre ese orificio o combinación de orificios.

En notación musical se escribe así:

En tablatura se escribe así:

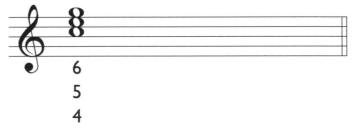

En notación musical se escribe así:

Y en tablatura así:

Cuando estés seguro de que suena como en el CD, prueba con esta pequeña pieza, que es una variación de "Uno Cada Cuatro" titulada

"Uno Cada Cuatro Versión II". Escucha la **Pista 5** y después toca sobre la **Pista 6**.

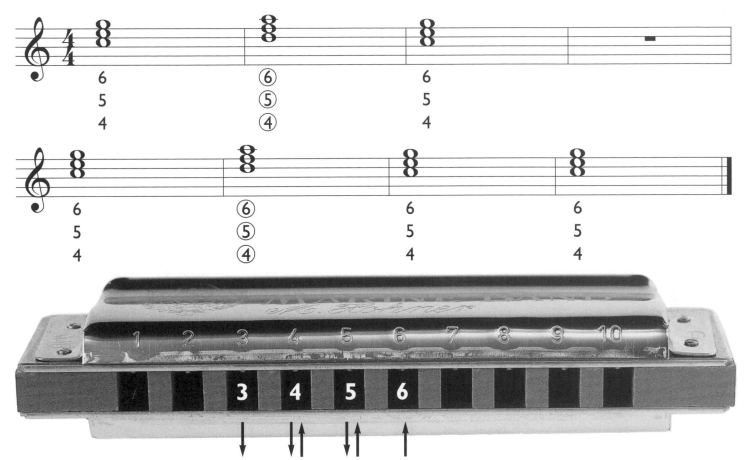

Cuando hayas conseguido hacerlo bien, intenta el siguiente movimiento: **soplar** sobre **4**, **5** y **6 aspirar** sobre **3**, **4** y **5**.

Usa la punta de la lengua, como antes, para localizar el orificio 4. No te quites el instrumento de la boca – tienes que aprender a conocer tu posición en el instrumento sin mirar. Asegúrate de que la postura de la boca no cambia, y desplaza la armónica, no la cabeza.

Una vez que consigas cambiar de 4, 5 y 6 a 3, 4 y 5 con facilidad, intenta el siguiente ejercicio, que es la versión completa de la pieza con la que has estado trabajando, y que se titula "Goin Around". La **Pista 7** te muestra cómo debería sonar.

La **Pista 8** te proporciona el acompañamiento sin la armónica. Recuerda que debes contar dos compases enteros antes de empezar.

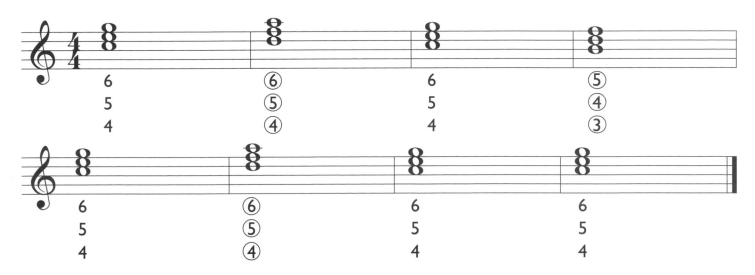

Notación musical de la armónica

A estas alturas ya habrás observado que cada nota en el pentagrama se corresponde con un número en la tablatura. Los siguientes diagramas te permitirán ver cuál es el nombre de cada nota, dónde está en la armónica y cómo se escribe en notación musical tradicional y en tablatura:

La **Pista 11** nos muestra cómo suena..

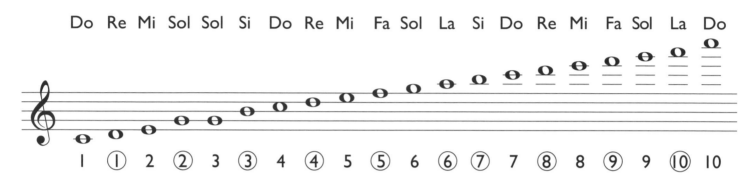

Antes de que continuemos, aquí tienes más información sobre notación musical.

Una redonda puede dividirse en dos, con lo que obtenemos dos notas llamadas blancas, y cada una de ellas tiene una duración de dos pulsos.
Aquí te las mostramos con sus respectivos silencios:

Ahora intenta tocar la versión completa de "Goin Around". Escucha la **Pista 9** para comprobar cómo suena, y despúes toca sobre la **Pista 10**. ¡No te olvides de contar!

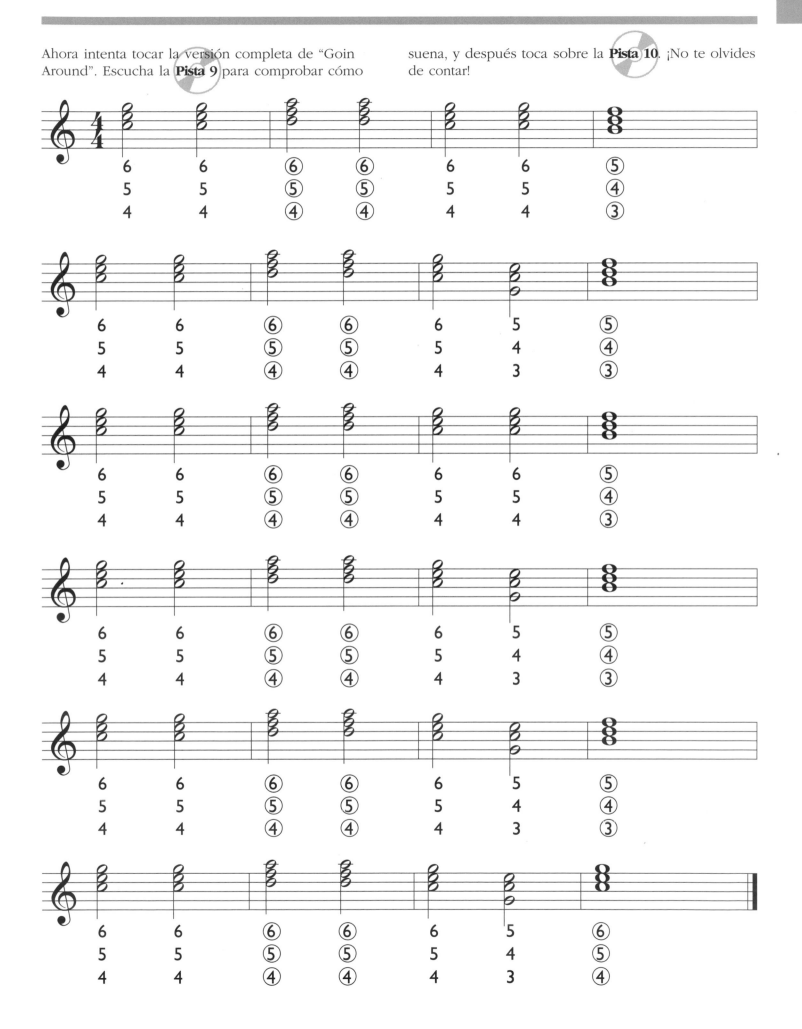

Otro ritmo

Lógicamente, las notas blancas también pueden ser divididas por la mitad, obteniendo dos negras. Cada nota negra, por tanto, tendrá una duración de un pulso. Aquí te las mostramos con sus respectivos silencios:

Cuenta: 1   2   3   4   1   2   3   4

Jingle Bells

"Jingle Bells" usa algunas combinaciones de notas nuevas, con respecto a lo que hemos aprendido hasta ahora.

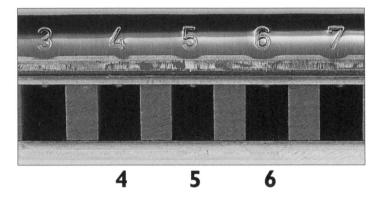

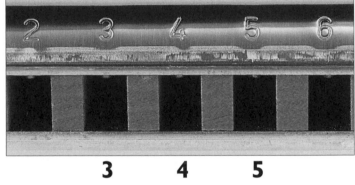

Para separar las notas vamos a usar una técnica llamada picado, que consiste en usar la lengua en vez de la garganta para producir los sonidos. Cada vez que comencemos a producir una nota, mueve la lengua como si fueras a pronunciar la sílaba "te". Notarás que así estás consiguiendo un sonido más definido que si comenzaras con la garganta.

Escucha la **Pista 12** para ver cómo debería sonar "Jingle Bells", y después inténtalo tú mismo sobre la **Pista 13.**

PUNTO DE CONTROL

LO QUE HAS APRENDIDO HASTA AHORA:

Ahora sabes cómo:
- Leer notas concretas, tanto en notación tradicional como en tablatura
- Interpretar, en la tablatura, cuando soplar y cuando aspirar
- Tocar acordes de tres notas

Tradicional

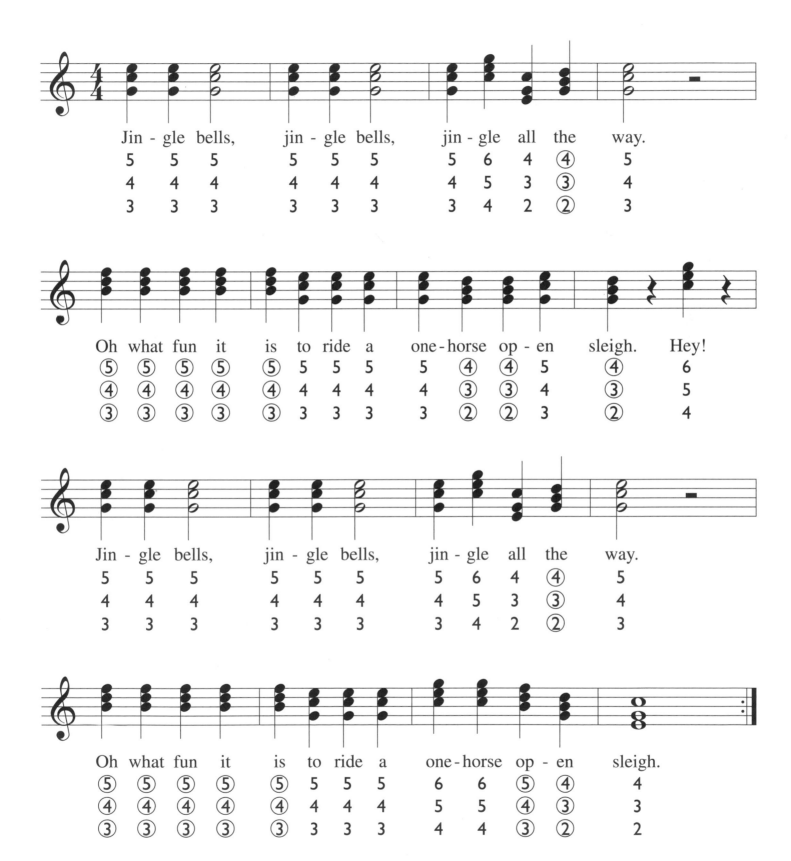

Solo dos notas

Ahora ha llegado el momento de intentar tocar sólo sobre dos orificios a la vez, en vez de los tres que habías estado tocando hasta ahora. Esto es un poco más complicado, ya que tendrás que ser más preciso.

La forma más sencilla de hacerlo es sentir con la punta de la lengua la pequeña separación entre los dos orificios, como situándola en el centro de la boca, y después tocar sobre los dos orificios en cuestión. ¡Obviamente deberás retirar la lengua una vez hayas encontrado la posición adecuada!

Skip To My Lou

En "Skip To My Lou" deberás intentar separar las corcheas con una técnica denominada "de doble picado". Afortunadamente, esto no significa que tengas que adoptar otra lengua de algún sitio. Doble picado significa que para la primera corchea de cada par tendrás que mover tu lengua como si dijeras "te", y para la segunda corchea del par moverás tu lengua como si dijeras "ka".

Escucha la **Pista 14** "Skip To My Lou", e intenta seguir la partitura mientras escuchas.

Ahora inténtalo tú mismo con la **Pista 15**.

La próxima pieza también introduce un nuevo valor de nota: la *corchea*. Tiene una duración de medio pulso, y se mide así:

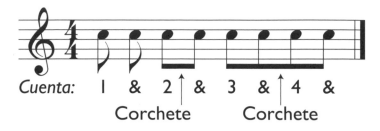

Como todos los demás tipos de nota que hemos visto, la corchea tiene un silencio equivalente a su valor, que se escribe así:

Nota

Cuando aparece más de una corchea seguida, las solemos agrupar trazando un corchete. Esto no altera el ritmo de la música – simplemente hace que sea más fácil de leer.

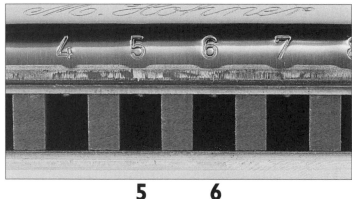

5   6

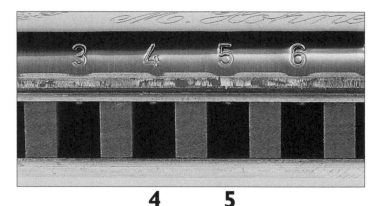

4   5

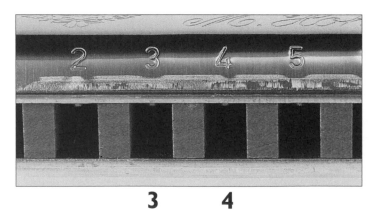

3   4

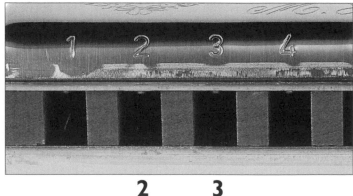

2   3

Skip To My Lou

Tradicional

El puntillo

En la siguiente pieza veremos un nuevo valor de nota, la *semicorchea*, cuyo aspecto es el de una corchea, pero con dos corchetes en vez de uno. Como probablemente ya has adivinado, una semicorchea tiene una duración de un cuarto de tiempo, y se mide así:

Al igual que para los demás tipos de nota, la semicorchea también tiene un silencio que se corresponde con su duración, y se escribe así:

Una última observación en cuanto a duración de notas. A toda nota se le puede añadir un puntillo, lo cual incrementará su valor en la mitad del valor inicial de la nota. Por tanto, una redonda con puntillo tendrá una duración de seis tiempos, una blanca con puntillo durará tres tiempos, una negra con puntillo durará un tiempo y medio, y así sucesivamente.

Una vez que seas capaz de hacerlo lentamente, aumenta gradualmente el tempo hasta que puedas tocar a la misma velocidad que la pista de acompañamiento.

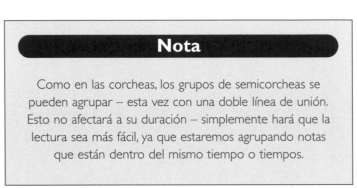

Nota

Como en las corcheas, los grupos de semicorcheas se pueden agrupar – esta vez con una doble línea de unión. Esto no afectará a su duración – simplemente hará que la lectura sea más fácil, ya que estaremos agrupando notas que están dentro del mismo tiempo o tiempos.

Una agrupación frecuente de notas con puntillo, que aparece en la próxima canción, es la de corchea con puntillo seguida de una semicorchea. Se escribe y se mide así:

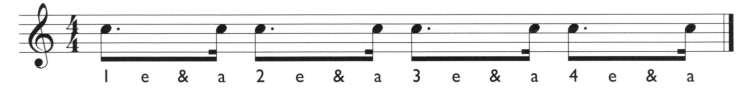

Las corcheas con puntillo equivalen a tres semicorcheas, y las semicorcheas que las siguen completan el valor de cada pulso.

Brown Girl In The Ring

Esta será la última canción que tocaremos usando acordes de dos notas – escucha la **Pista 16** y después inténtalo tú mismo con la **Pista 17**.

Si tienes problemas con los pasajes más rápidos, concéntrate sólo en ellos y practícalos despacio hasta que puedas tocar cada par de notas correctamente.

Consejo

Utiliza la técnica de doble picado para los grupos de corcheas.

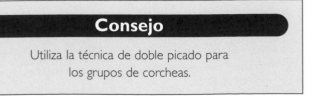

Brown Girl In The Ring

Tradicional

Brown girl in the ring, tra - la - la - la - la,
brown girl in the ring, tra - la - la - la - la.
Brown girl in the ring,

tra - la - la - la - la, she likes su - gar, I like plum, plum, plum!

PUNTO DE CONTROL

LO QUE HAS APRENDIDO HASTA AHORA:

Ahora sabes cómo:
- Leer corcheas y semicorcheas
- Usar la técnica de doble picado
- Tocar acordes de dos notas

Como tocar una sola nota

Hay distintos métodos de producir una sola nota en la armónica. Nosotros utilizaremos el método "whistle" (silbido). Como su nombre indica, tendrás que colocar los labios como si fueses a silbar, de forma que se forme un hueco entre los labios similar al del instrumento. Puede que te sirva de ayuda imaginarte que estás bebiéndote un batido con una pajita.

1 Tensa los músculos de las esquinas de los labios, ya que la posición natural del labio es más amplia, y, por tanto, más apropiada para que suenen acordes completos – el labio superior deberá curvarse muy ligeramente hacia la nariz.

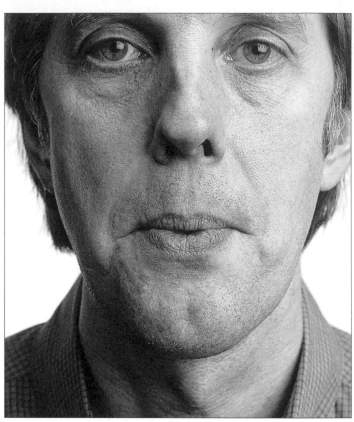

2 Coloca el labio superior por encima de la armónica, y el labio inferior por debajo. La parte húmeda del interior de los labios será la que esté en contacto con la armónica, y no la parte seca cercana al exterior del labio. Esto ayudará a crear un buen círculo de aire alrededor del instrumento, reduciendo así cualquier pérdida de aire, y favoreciendo no sólo un mejor sonido, sino también un esfuerzo innecesario en la respiración.

3 Sopla y aspira suavemente sobre el orificio 1. Deberá resultarte relativamente sencillo, ya que no existe ningún orificio 0 que interfiera en tus acciones.

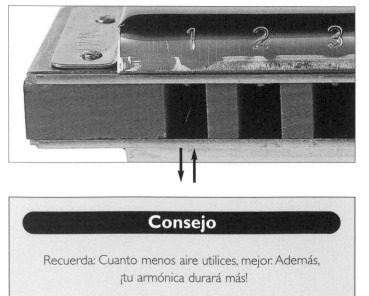

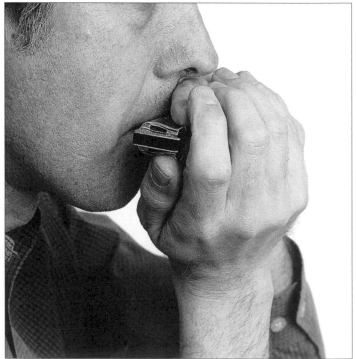

Consejo

Recuerda: Cuanto menos aire utilices, mejor. Además, ¡tu armónica durará más!

Si no estás seguro de que lo estás haciendo bien, utiliza tus dos dedos índices para cubrir todos los orificios, excepto aquel que estás intentando hacer sonar. A continuación, toca ambas notas en ese orificio e intenta recordar su sonido. Vuelve a la posición normal e intenta reproducir el mismo sonido que conseguiste cuando los dedos estaban cubriendo los orificios adyacentes.

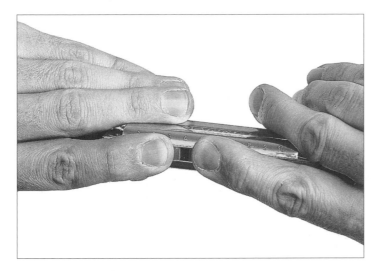

4 A continuación, inténtalo sobre el orificio 4, tanto soplando como aspirando. Asegúrate de que solo está sonando una nota en cada dirección de la respiración.

5 Inténtalo con todos los orificios del instrumento, intentando que cada nota suene con claridad. Presta especial atención con las notas aspiradas sobre los orificios 2 y 3 – es frecuente que los estudiantes de armónica tengan problemas en este sentido. La nota aspirada sobre el orificio 2 deberá sonar igual que la nota soplada sobre el orificio 3.

Consejo

Siempre recuerda mover la ármonica y no tu cabeza - es más preciso. Si crees que tienes problemas en este sentido, practica en frente de un espejo. Relajate y procura que tu respiración sea profunda, libre y fácil. Cuando ya puedas tocar las notas aisladas del acorde, estudia los ejercicios anteriores tocando solamente las notas superiores de cada acorde.

When The Saints Go Marching In

Ahora probemos con este tema clásico de jazz. El primer compás de "When The Saints Go Marching In" solo tiene tres tiempos – se llama anacrusa, y significa que la melodía comienza antes del primer compás completo. Escucha atentamente la **Pista 18** y te darás cuenta de lo que quiero decir.

Otro elemento con el que no te habías encontrado anteriormente es la ligadura. Se trata de una línea curva que une dos notas con la misma altura – significa que hay que tocar la primera nota y mantener el sonido durante un tiempo equivalente a la duración de las notas ligadas.

Por ejemplo, la nota Sol (orificio 6) que corresponde a "saints" al comienzo de la pieza, tendrá una duración de 1 redonda + 1 negra = 5 tiempos.

Escucha la **Pista 19** para ver cómo suena,

y después intenta tocar con la **Pista 20**.

Tradicional

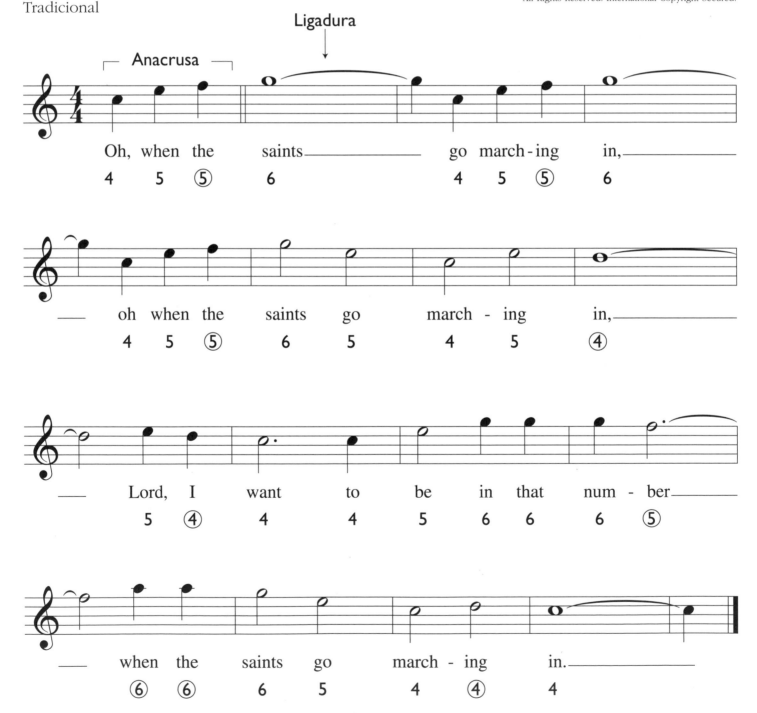

Se trata de una adorable melodía irlandesa – asegúrate de que estás tocando notas solas de manera correcta. Para oír la melodía escucha la **Pista 21**.

Fíjate en que hay elementos que parecen ligaduras, pero unen notas de distintas alturas. Estos símbolos son las ligaduras de expresión, e indican que las notas que unen deben ser tocadas sin cortes entre ellas, del mismo modo que las palabras en una conversación sin pausas. Las notas unidas por esta ligadura de expresión pertenecerían a una sílaba de la palabra. Intenta "cantar" las palabras mentalmente mientras tocas la melodía para hacerlo correctamente.

Cuando te encuentres con estas ligaduras de expresión, puedes aprovecharte de la forma en que la armónica está diseñada. Cuando la ligadura de expresión afecte a dos notas con la misma dirección en la respiración y que estén en orificios adyacentes, limítate a producir el primer sonido y mueve la armónica manteniendo el flujo de aire. El efecto se producirá de forma casi automática. Del mismo modo, si la ligadura supone un cambio en la dirección de la respiración, conseguirás un efecto más suave aplicando la lengua a la primera nota. ¡Inténtalo!

Ahora toca sobre la **Pista 22**.

Tradicional

The Streets Of Laredo

Ahora ya conoces los fundamentos de la armónica – puedes tocar notas aisladas, leer partituras para armónica y tablatura. Ha llegado el momento de poner tus nuevas habilidades a prueba. En las siguientes páginas encontrarás algunas canciones populares en arreglos para armónica que te ayudarán a seguir progresando.

Pista 23 The Streets Of Laredo
El próximo tema suena muy bien tocado con armónica. Está escrito en compás de 3/4, también conocido con el nombre de compás de vals. Se estructura en tres pulsos por cada compás, en vez de los cuatro pulsos a los que estábamos acostumbrados. Recuerda que debes contar 1, 2, 3/1, 2, 3 etc. Intenta tocar acompañándote de la **Pista 24**.

Tradicional

Esta es una melodía escocesa muy conocida. Presta atención a los saltos del orificio 4 al orificio 7 y asegúrate de que puedes realizarlos correctamente. Si lo consideras necesario, practica despacio esos saltos por separado.
Escucha la **Pista 25**, y despúes intenta tocarlo con la **Pista 26**.

La canción también utiliza el registro agudo de la armónica. Necesitarás mantener la garganta muy abierta para evitar que las notas suenen estridentes. Ten en cuenta que estas notas requieren menos intensidad en la respiración y más concentración para que suenen con suavidad.

Tradicional

Max Well - ton braes are bon - nie where ear - ly falls the dew.
4   4   4   7   7   ⑦   ⑥   ⑥   6   5   5   ④   4   5   ④

And it's there that An - nie Lau - rie gave
5   ④   4   4   7   7   ⑦   ⑥   ⑥

me her pro - mise true, gave me her pro - mise true, which
6   5   5   ④   4   6   7   7   ⑧   ⑧   8   6

ne'er for - got will be. And for bon - nie bon - nie An - nie
7   7   ⑧   ⑧   8   8   ⑧   7   ⑦   ⑥   ⑦   7   ⑥

Lau - rie I'd lay me doon and dee.
6   5   5   ④   4   7   5   5   ④   4

My Bonnie Lies Over The Ocean

Este viejo tema tan querido por todos se sirve de nuevo de las notas agudas de la armónica, y también está en compás de 3/4 (vals).

Escucha la **Pista 27**,

Y acompáñate con la **Pista 28**.

Tradicional

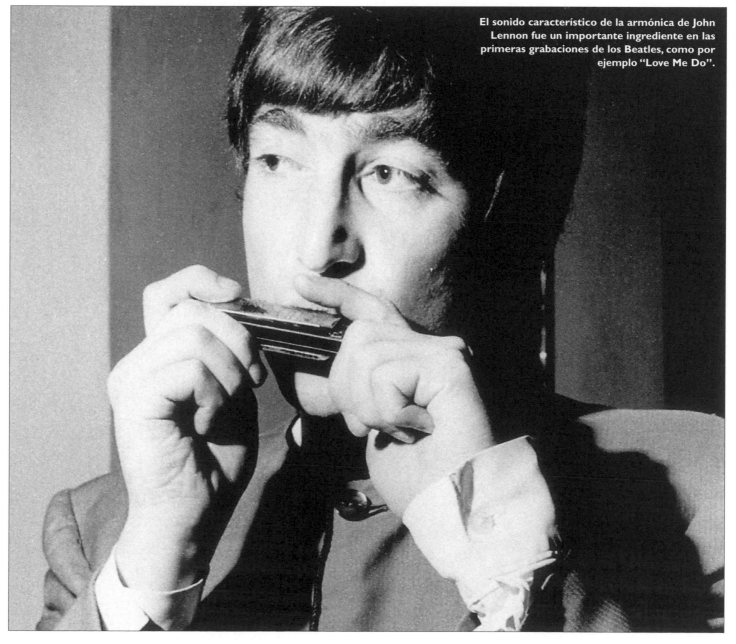

El sonido característico de la armónica de John Lennon fue un importante ingrediente en las primeras grabaciones de los Beatles, como por ejemplo "Love Me Do".

Twinkle, Twinkle, Little Star

Intenta tocar esta pieza suavemente y a poco volumen. Una de las mejores formas de concebir la música es hacerte una imagen mental de lo que estás intentando tocar. Si eres capaz de verlo, tu público también lo hará. Para esta pieza, trata de imaginarte la sensación de asombro que tiene un niño cuando mira a las estrellas a través del cielo nocturno. En esta canción muy apreciada por los niños veremos un nuevo compás: el 2/4. En este tipo de compás solo hay dos pulsos en cada compás, por lo que deberás contar 1, 2, 1, 2, etc.

Escucha la **Pista 29** y toca sobre la **Pista 30**.

Tradicional

La **Pista 31** es un arreglo de este conocido villancico en compás de 3/4 - presta particular atención a los pares de corchea con puntillo/semicorchea.

La **Pista 32** te servirá de acompañamiento para que toques sobre ella.

Tradicional

Carrickfergus

Teste arreglo de la melodía tradicional irlandesa está también en compás de 3/4. Presta atención a las ligaduras de expresión en intenta interpretarlas con la máxima suavidad posible.
Escucha la **Pista 33**.

El acompañamiento lo encontrarás en la **Pista 34**.

Tradicional

I wish I was _____ in
7 7 ⑦ ⑥ ④ 5

Car - rick - fer - gus, _____ on - ly for
⑤ 6 5 ④ 4 4 ④ 5

nights _____ in Bal - ly - grand. _____
⑤ 5 ④ ③ 4 ④ 4

_____ I would swim ov - er _____
7 7 ⑦ ⑥ ④

the deep - est o - cean _____
5 ⑤ 6 5 ④ 4

on - ly for nights _____ in Bal - ly -
4 ④ 5 ⑤ 5 ④ 4 4 ④

Sonny Boy Williamson, que tocó con bandas como The Animals y The Yardbirds, fue un maestro de la armónica de blues.

La armónica puede proporcionar una gran variedad de emociones.

▼ **Paul Jones** "Decidí aprender a tocar la armónica por su similitud con el sonido de un ser humano en profundo estado de emoción"

▼ **Paul Butterflield** "La armónica puede proporcionar una gran variedad de emociones... y sentimientos..."

The Bluebells Of Scotland

Esta canción no te resultará demasiado difícil.
Escúchala en la **Pista 35**.

La **Pista 36** es el acompañamiento.

Tradicional

The Yellow Rose Of Texas

Las siguientes canciones te ayudarán a ampliar tu repertorio sin introducir ninguna técnica nueva ni valor de notas que no conozcas ya.

Escucha la **Pista 37** para comprobar como suena, y luego acompáñate con la **Pista 38**.

Tradicional

Dejé que me influyese un poco el estilo de los demás, y luego creé el mío propio.

▲ **Stevie Wonder** aparece aquí tocando una armónica cromática. "Cuando empecé a tocar blues dejé que me influyese un poco el estilo de los demás y luego creé el mío propio..."

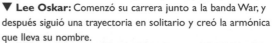

▼ **Lee Oskar:** Comenzó su carrera junto a la banda War, y después siguió una trayectoria en solitario y creó la armónica que lleva su nombre.

◄ **Magic Dick**, de The J Geils Band. "Mis padres me dieron una armónica cuando tenía tres años... y me entusiasmó"

The Leaving Of Liverpool

En la **Pista 39** encontrarás la versión completa.   La **Pista 40** es el acompañamiento.

Tradicional

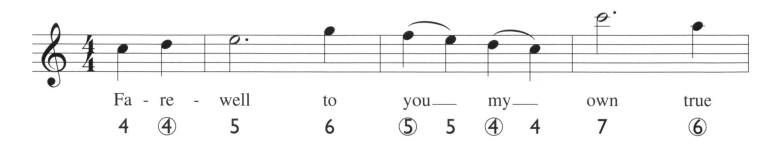

Fa - re - well   to   you   my   own   true
4   ④   5   6   ⑤   5   ④   4   7   ⑥

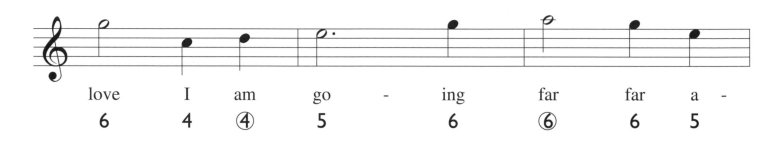

love   I   am   go   -   ing   far   far   a -
6   4   ④   5   6   ⑥   6   5

- way.   I   am   bound   for
④   4   ④   5   6

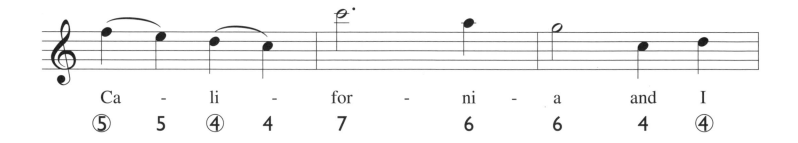

Ca - li - for - ni - a   and   I
⑤   5   ④   4   7   6   6   4   ④

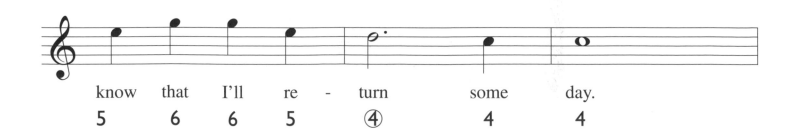

know   that   I'll   re - turn   some   day.
5   6   6   5   ④   4   4

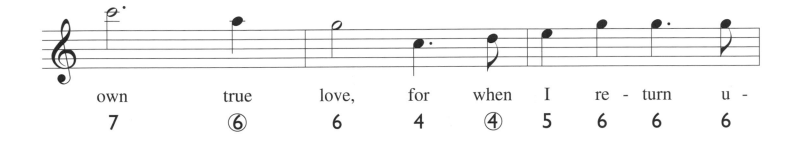

So fare thee well my love, my

7 ⑦ 7 ⑧ ⑦ 6 ⑦ ⑧

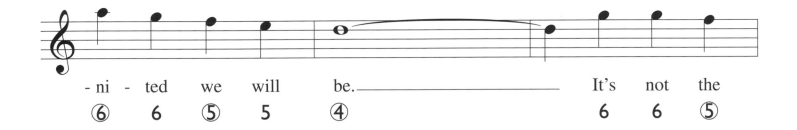

own true love, for when I re - turn u -

7 ⑥ 6 4 ④ 5 6 6 6

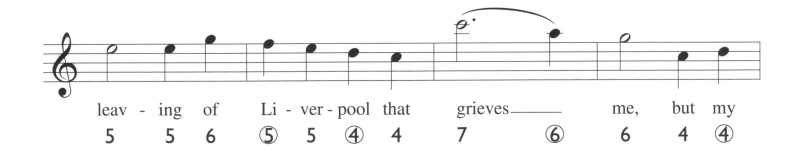

- ni - ted we will be. It's not the

⑥ 6 ⑤ 5 ④ 6 6 ⑤

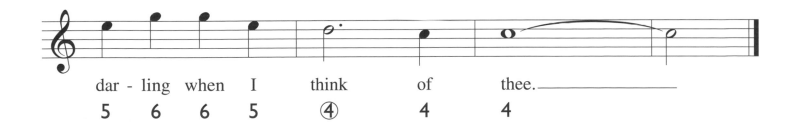

leav - ing of Li - ver - pool that grieves me, but my

5 5 6 ⑤ 5 ④ 4 7 ⑥ 6 4 ④

dar - ling when I think of thee.

5 6 6 5 ④ 4 4

¡Felicidades¡

Espero que hayas disfrutado tocando con este libro y que te haya motivado para que continúes haciendo música con tu armónica dentro del estilo que más te interese. Pregunta a otros músicos acerca de sus experiencias y técnicas, y no olvides pasártelo bien. ¡Hacer música siempre deberá suponer una experiencia agradable!

Para escuchar cómo lo hacen los profesionales, escucha los discos que más han influido en el mundo de la armónica:

Jerry Portnoy (Muddy Waters, Eric Clapton)
Lee Oskar
Charlie Musselwaite (John Lee Hooker)
Paul Butterfield (The Butterfield Blues Band)
Brendan Power (Riverdance)
Norton Buffalo (The Steve Miller Band)

John Mayall "El padre del blues británico" – en su primer single "Crawling Up A Hill" incluía el sonido de la armónica distorsionada y del órgano Hammond.

Ahora que ya dominas los fundamentos de la armónica, escucha cómo lo hacen los profesionales. Las siguientes canciones incluyen fragmentos clásicos de armónica. Algunos son más difíciles que otros, pero partiendo de las técnicas básicas que has aprendido en este libro, pronto podrás intentarlo tú mismo.

Good Morning Little School Girl John Mayall
Love Me Do The Beatles
Magic Bus The Who
Midnight Rambler Rolling Stones
Mr Tambourine Man Bob Dylan
The River Bruce Springsteen
There Must Be An Angel Eurythmics (Stevie Wonder)
Heart Of Gold Neil Young

Neil Young

Roger Daltry

Bob Dylan

Bruce Springsteen

Mick Jagger